Saverio Gianni

La
logica del pretore

Tomo IV

Elibron Classics
www.elibron.com

Elibron Classics series.

ISBN 0-543-71665-1 (paperback)
ISBN 0-543-71664-3 (hardcover)

This Elibron Classics Replica Edition is an unabridged facsimile of the edition published in 1888 in Cefalu.

LA LOGICA DEL PRETORE

(DAZIO INTERNO DI CONSUMO)

ED

(APPENDICE)

PER

Saverio GIANNI, fu Giuseppe

Vectigalia nervi sunt reipublicae.
M. TULLIO

L'imposta è una spesa, che fa ogni cittadino per un comune beneficio.
SISMONDI

CEFALÙ

TIPOGRAFIA SALVATORE GUSSIO

1888.

Saverio Gianni, fu Giuseppe

Anno 1888.

A

MENDAJA DOTT. MATTEO,

CHE UNISCE IN CASTO CONNUBIO

SCIENZA, VIRTÙ, RICCHEZZA,

IL SUO AMATO COMPARE,

QUESTA MONOGRAFIA,

DEDICA.

Saverio GIANNI, *fu Giuseppe*

Collesàno — Sicilia — 4 febbraio del 1888.

DAZIO INTERNO DI CONSUMO

I.

§. 1. La imposta indiretta del dazio - consumo è legittima: colpisce veramente la ricchezza nel suo sviluppo e non in sè - per la teoria dell' *incidenza* delle tasse in generale, e per la natura stessa dei generi, ch' essa imposta colpisce; questo tributo ha di buono, che si spezza o si assottiglia in tal guisa da rendersi quasi impercettibile, e da riuscire uno dei minori elementi, che contribuiscono ad accrescere il prezzo delle cose vendute al minuto.

Si obbietta: perchè dei cittadini, che nell'interesse ancora industriale, commerciale, agricolo del paese, si riuniscono in agglomerazione urbane, è egli giusto ch' essi pagano il vino, la carne, le farine, etc. più caro che nei luoghi, ove la popolazione è minore?

Ed io: ove più cittadini son riuniti nell'istesso luogo, si generano nuovi interessi e si sviluppa maggiore prosperitá materiale ed intellettuale; or, havvi egli cosa più giusta, che di compensare questi utili con adeguati pesi?: in Palermo il vivere costa assai caro - fra le altre causali non si esclude il dazio - consumo; eppure, io preferirei essere pretore in quella seria città, anzichè in Collesáno!...

Non sottoscrivo adunque all'opinione del chiariss. Boccardo — *Econom. polit.*, vol. II. — Trascrivo il relativo passaggio:

» Le tasse *indirette* sono quelle, che si percepiscono in modo oc-
» culto, e si associano alla soddisfazione d' un qualche bisogno del
» contribuente.

» Nessuna regola, nessun principio scientifico presiede all'ordinamen-
» to delle imposte indirette. I tali oggetti circolano sul mercato e
» sono di facile spaccio: il governo pone una tassa sul loro valore-
» ed ecco tutto. Non sono giá le rendite, le ricchezze, che servono
» di materia imponibile: sono i bisogni. E siccome fra tutti i bisogni

» quelli di prima necessitá sono i più generalmente sentiti, quindi » le tasse indirette equivalgono ad una vera capitazione; altrimenti » diventerebbero tasse suntuarie.

» Il sistema delle tasse indirette è il corollario delle enormezze » delle pubbliche spese. La piaga della pace armata, quella della centralitá amministrativa, l'eccessivo incremento governativo sforza» no lo stato a strappare ai cittadini somme così rilevanti, che i go» verni stessi non credono nè possibile, nè prudente di eseguirle in » modo diretto e palese, e in una sola o poche grosse partite. La » finanza, per paura di diventar troppo odiosa ai contribuenti, ri» corre agli artifizii: prende a spizzico e nascostamente, gravando » oggetti di consumo, mostrando adattarsi al comodo pel tributario, » lasciandogli perfino la scelta del luogo e del tempo in cui gli rie» sca men grave il pagamento. L'arte fiscale fa come la trecca e la » cortigiana bisognosa di danaro; discende a mille espedienti e ca» rezze e stratagemmi, complicando oltremodo i suoi mezzi d'azio» ne, onde spolpare continuamente, senza ch'ei se ne accorga. In» venta dazi *impercettibili*, *occulti*, *volontarî*. Inventa la *Gabella*, co» sì chiamata, secondo un' arguzia del TROGLIA, dalla voce *gabbare*, » perchè gabbato rimane veramente colui che, comprando un ogget» to e pagando senza saperlo, il dazio, lo soddisfa...

» Tributo *insensibile, impercettibile!* Sì, ma solo per chi non sia » capace di far l'arduo raziocinio che, nel comperare un oggetto col» pito da tasse, egli paga, al prezzo naturale della cosa, anco l'im» porto addizionale del tributo. Ogni volta che i Governi ebbero la » buona ispirazione di ridurre i diritti sul consumo, questo è sem» pre cresciuto in mirabile proporzione, mentre il consumo si è fer» mato o diminuito ogni volta che l'imposta indiretta venne aumen» tata. Il che prova che la tassa era ampiamente, vivamente *senti» ta e percepita* dal consumatore.»

§. 2. Eppure, questa imposta indirètta è antica: l'imposta detta *vectigal* fu istituita nell'anno 547 a. G. C. — benchè, più tardi, sotto tal nome si comprendessero tutt'i tributi ed anche quello posto sui campi — *Tributum*; però, più propriamente si trova tal parola — *Vectigal* — adoperata per dazio, gabella, assisa: « *Publica vectigalia: in« telligere debemus ea, ex quibus vectigal fiscus capit; quale est vec« tigal venalium rerum, item salinarum, et metallorum, et pica« ria.* » L. 17. Dig. De verb. signif.

Il criterio della L. romana era quello della nostra L. daziaria — *il consumo*: vegg. tit. IV. lib. 39, Dig., De publicanis et vectigalibus et commissis; L. 5, Cod. Giust. De vectigalibus.

Anche allora tali dazî erano dati in appalto tanto dal governo, che dai municipî — e *pubblicani* o *mancipes* chiamaronsi gli appaltatori: L. 12 e 13, Dig. De public.

§. 3. La parola *dazio* ha un origine nobile e cavalleresca: era così chiamato perchè *davasi* spontaneamente e volentieri. Ed oggi?! sarebbe lo stesso, seguendosi il consiglio di un anonimo inglese — » Vi » sarebbero due tasse nuove, che si potrebbero imporre senza diffi» coltà: la 1. sulla bellezza, la 2. sull'intelligenza. Tutti i contribuen» ti sarebbero lusingati di pagare la loro tassa, e quelli che più si » affretterebbero a pagare sarebbero i meno soggetti alla tassa.»

§. 4. Il nostro codice sui dazii interni di consumo è composto: L. 3 luglio 1864, n. 1827; decreto legislativo 28 giugno 1866, n. 3018; L. 28 Decembre 1867, n. 4136; L. 3 settembre 1868, n. 4576; R. decreto 24 settembre 1868, n. 4633: L. 11 agosto del 1870, n. 5784, alleg. L; regolamento 25 agosto 1870, n. 5840; Istruzioni ministeriali 20 ottobre del 1870; R. decreto 2 luglio 1875, n. 2603: L. 6 luglio del 1878, n. 4437; R. decreto 3 gennaio 1879, n. 4717; L. 31 luglio 1879, n. 5014; etc.

II.

§. 1, La distinzione dei comuni in *chiusi* ed *aperti* si riferisce al modo di riscossione della tassa — per determinare in qual momento la cosa diventi passibile di tassa.

È comune *aperto* quello, che non ha una linea daziaria ristretta all' abitato: qualunque parte del territorio di esso è parte del comune *aperto*, senza distinguere se ivi abbia un' agglomerazione di abitazioni, od un' aperta campagna.

Il criterio della L. di dazio — consumo è il *consumo* di certi generi alimentari di 1. necessità, o di quei generi, che senza d'essere di 1. necessitá, hanno un grande smercio, e presentano facilità d'essere colpiti dalla tassa. Però, non è l' unico fatto materiale del finale consumo che la L. colpisce, ma siccome sarebbe stato impossibile perseguitarlo nelle sue varie fasi, si dovettero scegliere certi momenti preparatori al consumo, certi e determinati atti, che la L. con presunzione *juris et de jure* riguarda equivalere ad esso consumo, per cui in essi si colpì la cosa che si volle tassare — come nei comuni *aperti* e nelle porzioni dei comuni *chiusi* situati fuori del recinto daziario, il dazio sulle carni ha un solo modo e tempo di percezione, per regola generale — per capi, cioè la *macellazione*; e ciò perchè la vigilanza necessaria alla riscossione del dazio non fosse cagione di molto dispendio e di soverchio gravame ed ancora di vessazione per i cittadini: quindi, l'art. 38, ult. capov. del regolamento 25 agosto 1870 obbliga i privati a dichiarare la *macellazione* degli animali prima di eseguirla. Sono eccezioni:

a) L' arl. 47 cit. reg. 25 agosto 1870 impedisce all'esercente nei comuni *aperti* di tener generi o animali soggetti a dazio in locali distanti meno di 500 metri in linea retta dall'esercizio — macello o spaccio — senz' averne pagata prima la tassa, od ottenutone il permesso dall' ufficio daziario. Dunque, anche l' introduzione delle bestie vive nell' esercizio, e nei locali che se ne possono considerar parte, è momento generatore della tassa;

b) La facoltà concessa ai comuni di riscuotere la tassa sulle bestie ed in base della tariffa della carne macellata fresca, diminuita del 20 per cento — sul peso della bestia, qual' è stata introdotta cioè viva;

c) L' introduzione nei luoghi di vendita delle carni fresche, macellate in altri comuni, col dritto in questo caso alla ripetizione del dazio di macellazione altrove pagato, purchè le carni sieno in quantitá non minore di mezza bestia, che portino i bolli prescritti, e che sieno state immesse nell' esercizio di vendita fra tre giorni dalla data del pagamento della tassa di macellazione. Però, debbono i particolari nella macellazione della bestia nel comune ove questa si compie, accennare al fatto, che le carni sono destinate per la consumazione in altro comune, e far riserva della restituzione della tassa pagata; al giungere delle carni nel luogo dove debbono consumarsi, se ne fa la dichiarazione al rispettivo ufficio daziario e si paga il dazio duvuto, per ottenere poi all' appoggio della relativa *bolletta* la restituzione della soddisfatta tassa di macellazione: art. 8 e 9 L. 3 luglio 1864; art. 5, decreto legislativo 28 giugno 1866; art. 40, reg. 25 agosto 1870; circol. minist. 19 febb. 1867, n. 11384 - 1141; id. 3 luglio 1870; id. 18 dicembre 1871: vegg. *Manuale per l' applicazione delle leggi sulle dogane*, I, 455; II, 347.

Non deve però il privato, una volta che ha pagato la tassa di macellazione, pagarla di nuovo in altro luogo, ove voglia consumare la carne solamente a proprio vantaggio.

Similmente, i tavernari, gli albergatori, pel solo fatto della introduzione nelle loro taverne o loro alberghi di carne macellata in altro comune, non sono soggetti alla dichiarazione, nè quindi al pagamento del dazio.

Ancora: la dichiarazione non deve precedere quando si macella un animale affetto da qualche grave morbo, allo scopo di salvare almeno la pelle, per la quale al certo non si paga tassa, ch' è solo per il consumo della carne.

Ma per l' animale morto per accidentalitá e venduto, devesi dal venditore fare la dichiarazione all' ufficio daziario.

§. 2. Fu assai agitata la questione, se e quando nei comuni *aperti* si dovesse pagare dai pubblici esercenti il dazio differenziale o supplementare per le carni già daziate come fresche e poi trasformate in salumi od in strutto bianco.

« L' introduzione nell'esercizio, considerato come momento giuridi-
« co del pagamento della tassa, sta nell'atto in cui la carne si vende
« al minuto nell' esercizio stesso, e quindi l' esercente deve pagare
« il dazio differenziale per le carni salate, ch' egli vende, sia che le
« abbia acquistate giá salate, sia che abbia pagato egli la tassa di
» macellazione sulle carni fresche, sia che questa sia stata pagata da
» altri esercenti o da particolari» Corte d' app. di Casale, 24 febb. del 1877; id. di Torino 14 aprile del 1877; corte di cassazione di Roma, 22 marzo, 12 novembre e 1. dicembre del 1877.

« L' esercente non è tenuto a pagare il dazio differenziale per a-
» vere convertito in salata la carne fresca, già introdotta nel suo e-
» sercizio, quando egli ha pagato direttamente la tassa di macella-
« zione sulle carni fresche e l' ha introdotte poscia nel suo eserci-
» zio, o se ha convertito in salate le carni fresche acquistate da al-
» tri esercentí, che abbiano pagato la tassa di macellazione, ma sol-
» tanto deve pagare il dazio supplementare e forse anche l' intero
» dazio dovuto per le carni salate, quando non le sali da sè stesso,
» ma le acquisti salate da altri e tali le introduca nel suo esercizio;
» in questo caso l' introduzione nell' esercizio è il momento giuridi-
» co per il pagamento della tassa.» Corte d' app. di Roma, 24 genn. del 1877; id. di Torino, 7 marzo del 1870 e 16 novembre del 1877; id. di Brescia, 17 dicembre del 1877; corte di cassaz. di Roma, 5 giugno del 1878 e 21 dicembre del 1880.

Vegg. la monografia del chiariss. prof. Melucci nella *Rivista amministrativa*, anno 1878, pag. 97; la monografia del chiariss. avv. Giacobbe nel *Filangieri*, 1878, I, 173.

Da quanto sopra ho detto, ed anche perchè non vi ha disposto di legge, che colpisca la *trasformazione*, io volentieri sottoscrivo alla tesi più favorevole agli esercenti.

III.

A provare per qualsiasi pagamento, che si faccia a titolo di dazio - consumo, il solo documento valido è la *bolletta*: art. 10, L. 3 luglio del 1864.

Però, se il contribuente promuova l'azione della *condictio indebiti*; o voglia ripetere i danni, provenutigli dal contegno colposo del commesso daziario, ch' esigette il dritto, e poi con mala fede allegò non averlo avuto, perchè, o il contribuente, fidandosi, non richiese la *bolletta*, o la smarrì — dev' essere ammesso a tal pruova con tutt' i mezzi permessi dalla legge comune: vegg. anche l'art. 1348 cod. civ.

Similmente, io opino, — caso che il commesso daziario governativo o l' appaltatore sia pel genere introdotto, che per le quote d' abbonamento, non abbiano esatto il dritto, che loro era dovuto, ossia non abbiano ancora rilasciata la *bolletta di pagamento*: ma, essi possono avvalersi del beneficio della *ingiunzione*, come io opinai nella mia *Logica del pretore*, I, pag. 83.

Ancora: data la prova della macellazione degli animali soggetti a tassa con la produzione della *bolletta* relativa, si deve ritenere coperta dalla tassa la carne salata, che si rinvenga presso l' esercente, nè contro tale naturale presunzione regge la supposizione, che le carni salate suddette abbiano una diversa provenienza, cioè siano state introdotte con frode e senza pagamento del dazio relativo, non potendosi la frode presumere, ma dovendo essere concludentemente provata. Quindi i mezzi probatorî della L. comune.

IV.

§. 1. Ad evitare le frodi, le carni prima della macellazione si segnano col bollo: art. 50 reg. 25 agosto 1870; art. 13 e 60 Istruzioni 20 ottobre del 1870.

Cade in contravvenzione il macellajo, il quale introduce nel suo esercizio, o nei luoghi di cui nel cit. art. 47 reg. 25 agosto 1870, animali soggetti a tassa, senz' averli prima presentati all' ufficio daziario per farli bollare; e ciò quantunque abbia fatta la dichiarazione prescritta ed abbia ritirato la *bolletta* di pagamento del dazio. La relativa pena però è quella dell' art. 21 L. 3 luglio 1864, che ancora è vigente.

Invece, per tutti gli altri non esercenti vendita al minuto, l'introduzione nei proprii locali dei generi soggetti a dazio è pienamente libera, e sta per essi la regola generale, che prima di eseguire vendita singolare al minuto per locale consumo, debbono farne la dichiarazione all'ufficio daziario e pagare il dazio relativo, sotto la minaccia di cadere altrimenti in contravvenzione, che ferisce soltanto la quantitá caduta in contratto.

§. 2. Anzi, chi si limita alla dichiarazione, senza pagare la tassa contemporaneamente, cade in contravvenzione prevista dallo stesso art. 21 L. 3 luglio 1864, perchè il ritardo del pagamento non è « *sot-* « *trarre* gli oggetti al pagamento della tassa dovuta» — di cui nell' art. 11 decreto legislativo 28 giugno del 1866. La mancanza della denunzia sí, che costituisce tale *sottrazione* o *tentar di sottrarre.*

Non sottoscrivo dunque ad un responso della corte di cassaz. di Roma, che pretende l' applicazione del cit. art. 11 decreto legislativo suddetto anche in questo caso. Contraria alla mia opinione fu anche la corte d' app. di Parma nel agosto 1877, *Bisella* — Irezze.

§. 3. L' appaltatore ha dritto rivolgersi per la contravvenzione anche solo a colui che macella, nel caso in cui la macellazione sia stata eseguita per conto altrui, salve al macellatore le ragioni di regresso contro il committente; però, può rivolgersi anche contro di quest' ultimo per le multe, perchè connivente; — art. 51. regolamento 25 agosto 1870 — se ciò non si provi, si applicheranno gli art. 1153 cod. civ. e 549 cod. pr. pen. — anche per le multe.

E la corte di cassazione di Roma nel 3 aprile 1878 — Carnevale e Peregallo — decise: « Allorchè si tratta di una contravvenzione ascrit- « ta in comune a due comproprietari ed esercenti di un solo nego- « zio di vino, non è a distinguersi fra autore e complice, fra respon- « sabilitá penale e responsabilitá civile. Amendue alla pari sono te- « nuti e devono risponderne in via principale ed *in solidum.*» Vegg. *Corte Suprema*, 1878, 389.

Eppure, la corte di cassazione di Torino nel 27 genn. 1870 — Grendi — decise: « Chi è citato a comparire al dibattimento, quale civile « responsabile, ha dritto di non veder mutata tale qualità in quella « d' imputato; conseguentemente, trattandosi di una contravvenzione « gabellaria, commette eccesso di potere il tribunale, che dichiaran- « do non farsi luogo a procedere contro l' imputato, dichiara il ci- « vilmente responsabile convinto della contravvenzione.» *Gazz. G.* XXII, II, 31.

Le pene pecuniarie per le trasgressioni alle LL. daziarie equivalgono a *danni - interessi*, tanto che non si devolvono al Demanio dello stato; quindi la solidarietà: art. 59 regol. 25 agosto 1870; art. 91 L. doganale 21 dicembre 1862; art. 10 decreto luogotenenziale 28 giugno 1866, n. 3020. — Dunque, io sottoscrivo al responso della cassazione di Roma; dichiarando di applicarsi anche alle trasgressioni del dazio interno di consumo quanto dissi nei §§. 1. e 2. *framm.* IV. della monografia *sul codice doganale*, che pubblicai nella mia *Logica del pretore*, I, 29.

È di buon senso, o meglio di senso comune, che la solidarietá si applica alle *pene pecuniarie* e non mai alle pene *sussidiarie*, delle quali nell' art. 52 cit. regolamento del 1870.

§. 4. Deve rispondere sempre ed esclusivamente chi introduce la merce soggetta a dazio e non il destinatario.

§. 5. « Una consuetudine invalsa contraria alla legge, non può gio- « vare a togliere l' imputabilitá del contravventore.

« E nemmeno possono giovare a tale effetto i tentativi di accomo-

« damento non accettati dall' appaltatore.» Corte di cassaz. di Roma, 27 febb. e 14 marzo 1879 — *Foro ital.*, IV, 2, 260 e 306.

Mi rimetto a quanto scrissi nella mia *Logica del pretore*, I, 23; ed al frammento V della monografia « *Juris ratio pruova verbale* » — che pubblicai nel *Risorgimento lucano* (Potenza), VI, 51.

§. 6. Il sequestro degli oggetti in contravvenzione a garentia delle multe è praticabile per qualsiasi contravvenzione; ma quelli per il dazio - consumo non si possono confiscare ed assegnare in favore degli agenti dell' amministrazione, ovvero devolversi a titolo di danni alla parte civile: — art. 11 e 22 L. 3 luglio 1864 ed art. 7 decreto legislativo 28 giugno 1866.

Noto, che la dogana, ha il dritto di sequestrare *e di far confiscare* non solo la merce o genere in contrabbando, ma ancora gli attrezzi impiegati nella preparazione del genere di privativa, le bestie, i veicoli, i bastimenti, le barche e qualunque altro mezzo appositamente adoperato al trasporto della merce o del genere in contrabbando, purchè abbiano tal valore ed importanza da far presupporre che detti mezzi di trasporto erano esclusivamente od almeno principalmente destinati a commettere quel contrabbando: art. 10 cit. decreto luogotenenziale 28 giugno del 1866 n. 3020, sul reato di contrabbando e delle pene con cui saranno puniti coloro che lo commettono.

Opino che questo *jus singolare* in rapporto alla confisca, non possa eseguirsi per i dazî interni di consumo.

Per il privilegio delle tasse multe e spese di giustizia, vegg. art. 1956, 1958, 1959, 1960 cod. civ; art. 11, 14 e 17 cit. L. 3 luglio 1864.

§. 7. Stando allo spirito dell' art. 3, L. 26 genn. del 1865, n. 2134, circa il riparto del prodotto delle pene pecuniarie ed altre provvigioni in materie penali, hanno dritto di partecipare alle pene pecuniarie non solo gli scopritori di una trasgressione, ma gli agenti della forza pubblica, che hanno concorso all' accertamento della medesima, come i carabinieri, gli agenti di p. s.

Intorno alle quote di contravvenzione alla L. sul dazio - consumo, quando restano alla massa delle guardie di finanza e quando a quella delle guardie daziarie, vegg. circol. minist. 26 genn. 1868, n. 38, — *Manuale per l'applicazione delle leggi sulle dogane*, I, 584.

§ 8. Per la riscossione delle pene pecuniarie e spese di giustizia, vegg. anche cit. L. 26 genn. 1865, n. 2134; tariffa penale del 23 dicembre 1865 n. 2701; istruzioni ministeriali relative del 28 giugno 1866; L. 26 agosto 1868 n. 4548, sulla riscossione delle pene pecuniarie e delle spese di giustizia nelle cause per contravvenzioni ed altri crediti gabellarî; regolamento relativo del 15 novembre 1868, n. 4708.

Gli atti di riscossione, in rapporto al bollo, sono parificati a quelli delle esazioni delle imposte dello stato; onde l'applicazione del n. 5, art. 26 L. 13 settembre 1874, n. 2077 sulle tasse di bollo.

V.

§. 1. L' art. 148 L. comunale 20 marzo 1865, n. 2248 alleg. *A*, non è applicabile nei casi di contravvenzione a leggi o regolamenti fatti a nome e nell' interesse generale dello stato, e tanto meno in materia di imposte, come quella sul dazio - consumo; quindi, il pretore non ha obbligo di sospendere il procedimento, se l'imputato non abbia fatto alcuna pratica per riportarsi al giudizio amministrativo, di cui nell' art. 25 L. 3 luglio 1864; art. 54 reg. 25 agosto 1870; art. 86 L. doganale 21 dicembre 1662, n. 1061; art. 93 e 94 delle relat. Istruz. app. con R. decreto 30 ottobre 1862, n. 979.

Sulla competenza a decidere in sede amministrativa per le contravvenzioni al dazio - consumo, vegg. circol. minist. 4 genn. 1865, n. 149 e del 15 marzo 1867, n. 14329[621, riportate dal cit. *Manuale per l' applicazione delle leggi sulle gabelle* I, 334 e 484.

§. 2. « Anche in tema di subappalto le contravvenzioni riguardanti « il dazio - consumo sono di azione pubblica: » corte di cassaz. di Palermo, 19 febb. del 1877; id. di Napoli, 21 febb. del 1877; id. di Torino, 28 maggio del 1869; id. di Roma 14 marzo 1879 e 6 aprile del 1880.

Però, la corte d' appello di Palermo nel 3 agosto 1877, decise contrariamente.

Ma, appartiene agli appaltatori, siccome quelli, che subentrano nei dritti dell' amministrazione, e che vi hanno interesse, di promuovere i giudizii in via contenziosa in tema di dazio - consumo, e di costituirsi parte civile, e quindi promuovere eziandio gli atti di esecuzione; tanto, che gli agenti daziarî, i quali in proprio facciano la istanza di procedersi contro il trasgressore, si rendono in proprio responsabili dei danni verso l' incolpato, che fossero di ragione, e delle spese giudiziali.

Onde, l' esercizio di questi dritti importa l'assunzione degli obblighi, che incombono all' amministrazione; per cui spetta agli appaltatori anticipare le spese di Giustizia nelle cause penali: art. 2 L. cit. 26 genn. 1865. n. 2134; circol. minst. 30 aprile 1867, n. 3917 e 12 ottobre del 1868: vegg. cit. *Manuale per l' applicazione delle leggi sulle gabelle*, I, 465.

Nè si puó osservare: il 2. capoverso dell'art. 2. cit. L. 26 genn. 1865 non è applicabile al caso, perchè trattasi di giudizî riflettenti una L. generale dello stato, e non un regolamento municipale. Il carico o l' esezione di queste spese nei comuni, o nei privati appaltatori, siccome un elemento del contratto corso fra gli stessi ed il governo, bisogna stabilirlo a base della L., che concede l' appalto; ora, la L. 3 luglio 1864 nel 2. capoverso dell' art. 17 stabilisce « che i co- « muni e gli appaltatori subentrano nei diritti e negli obblighi del « governo verso i contribuenti »; non è detto che l' appaltatore, sia il comune, sia il privato, *subentri in ogni dritto dello stato*, e quindi anche nella facoltà di far trattare i proprî processi senza l'anticipazione delle spese giudiziali: il municipio si trova temporaneamente investito del dritto di attuare una L.; esso ne ha i mezzi nel cit. art. 17, ma questo non dá disposizione esplicita, nè implicita quanto alle spese; nè trovo norme in altre parti delle LL. e regolamenti formanti il cod. daziario. Se rispetto ai contribuenti l'appalto non innova nella L. il carattere di *L, generale dello stato*, rispetto al comune è senza dubio, che la costituisce una *legge d'interesse speciale*; quindi l'applicabilitá del cit. art. 2, L. 26 genn. 1875. E il dire, che l' ult. capoverso di questo art. con la parola *relativi* voglia riferirsi ai procedimenti specificati nei periodi superiori, è inesatto; il legislatore avrebbe usato ben altre parole di richiamo; egli volle abbracciare nel 2. capov. ogni e *qualunque* procedimento relativo ai municipî, ossia di loro interesse ed attuazione: vegg. art. 60 cit. tariffa penale; art. 95 reg. 10 dicembre 1882, n. 1103, serie 3.

Nè bisogna escludere i dritti degli uscieri: la differenza di condizione, sotto questo riguardo, fra lo stato ed i comuni nasce dalla natura stessa degli enti, perchè per gli uscieri, lo stato ha a sua disposizione dei modi di compensamenti, che i comuni non hanno; nè lice escludere i dritti di usciere « dalle spese che occorrono per l'istruttoria dei relativi procedimenti penali » — la L. non distingue: vegg. anche art. 563 cod. pr. pen.

Conf. Ministero delle finanze, 21 settembre 1864, n. 231; id. nel 30 aprile 1867; id. nel 5 ottobre 1869, n. 103507 - 7337; ministero di Grazia e Giustizia nel 23 ottobre 1869, n. 3474. - 3528 - 3575.

Cont. - agli uscieri: - corte di cassaz. di Roma, 5 luglio 1879, 1 marzo 1880 ed a sez. riunite nel 1 giugno 1881: inseguito di che il ministero della Giustizia, d'accordo con quello delle finanze, ordinò ai cancellieri di astenersi dal domandare ai comuni l'anticipazione per i dritti degli uscieri, salvo a domandarne il pagamento dopo la condanna a chi di ragione. Vegg. Nota della Direz. gen. del demanio e tasse del 10 giugno 1881, n. 89091 - 14291, div. 3., riportata dal Boll. Dem. 1881, pag. 463.

Le contravvenzioni daziarie sono di azione pubblica; dunque:

a) Sono comprese nell' amnistia, la quale generalmente non riflette i reati di azione privata;

b) L' appaltatore può costituirsi parte civile in qualunque stato di causa, prima però della chiusura del dibattimento.

Però, anche a considerarle di azione privata tale costituzione può aver luogo nello stesso modo, se la citazione a dibattimento ha luogo d' ufficio dal pretore, o ad istanza del Pubb. minist., dietro richiesta della parte lesa. Questo tema è quistione assai dibattuta nella dottrina e nella giurisprudenza e l' ho dovuto risolvere in ogni pretura, ove ho amministrato Giustizia; perciò stimo conveniente manifestare la mia opinione pubblicamente. Ed eccomi:

Il nostro codice di proc. pen. ha ammesso liberamentee la parte lesa valersi della citazione *diretta*, trattandosi di reato - contravvenzione, o *delitto*, secondo il cod. pen. vigente, di azione privata - ed a ragione, imperocchè se si giunse a considerare come eccezione l'istruzione formale e come regola la citazione diretta - come disse l'onorevole ministro della Giustizia nella circol. del 25 gennaio 1880 - ancorchè essa citazione diretta molte volte per la moltiplicità, difficoltá e delicatezza degl'incombenti d'assumersi in causa, non possa essere prescelta dal Pubb. minist., molto piú esattamente ciò deve dirsi, parlando piú particolarmente di cause per reati d'azione privata, le quali non richiedono, per lo più, un lungo e laborioso svolgimento. A prevenire l'inconveniente, che potesse derivare dall' abbandonare la citazione in mano della stessa parte privata, provvede sufficientemente lo stesso cod. di proc. pen. — art. 352, 372, 391, — prescrivendo, che, in tal caso, la parte lesa debba presentarsi in giudizio e proporre la sua domanda, a pena d'essere condannata nelle spese e nei danni, se vi ha luogo.

Anche in essi reati di azione privata è ammessa la costituzione di parte civile. Fra le altre condizioni però viene prescritto:

a) La parte lesa deve anticipare tutte le spese per gli atti da farsi, senza distinzione, sia che riguardino l'unico suo interesse civile, ovvero l'interesse dell'azione penale in parte, od anche esclusivamente — art. 565 cod. pr. pen. e circol. minist. 4 agosto 1880, n. 184: vegg. *Bollettino dem.*, *vol.* VI, 822. È codesta una specie di cauzione a cui è tenuta la persona, che si pretende danneggiata, per garentire che non farà uso del dritto di porgere querela e di costituirsi parte civile, se non quando sia assistita da saldo fondamento di ragione; — è un freno ad inconsulte imputazioni ed a temerarie pretese di risarcimento; questo deposito tiene luogo delle spese, che si sarebbero anticipate, se fosse istrutta la causa avanti il giudice civile. La somma sarà determinata dal pretore.

Se la parte civile non eseguisce il deposito ordinatole, la costituzione non sarà valida, perciò il danneggiato non può essere considerato parte civile, come giustamente insegna il chiariss. SALUTO, *Comm. al cod. di proc. pen.*, VI, n. 2056.

Contrariamente si opina da BORSANI e CASORATI, *Cod. di proc. pen. ital. comm.* II, §. 668.

b) Vi è un lusso di parole nell'ult. capoverso dell'art. 110 cod. pr. pen: — se la L. permette, che tale costituzione possa farsi prima che siasi rilasciata l'ordinanza di citazione, è superflua la menzione della querela.

c) La disposizione del cit. ult. capoverso dell'art. 110 è un *jus singulare*, — *contra rationem juris*: — nei processi gravi, istrutti in forma ordinaria, dove sono testimonianze scritte, dove seguirono perizie, l'imputato può trovarsi a fronte nel dibattimento un terribile avversario di più, un avversario improvviso, contro il quale non potè premunirsi in tempo — la parte civile; — nei procedimenti di poco momento, dove tutta l'istruttoria si forma all'udienza, dove l'interesse sociale, per solito, si fonde o si confonde con quello della parte privata, questa vede appunto il proprio dritto di costituirsi parte civile menomato, condizionato ad una formalità che non sempre si può eseguire!...

Onde tale, disposizione dev'essere di stretta applicazione; quindi:

Le ordinanze, a cui accenna tale ult. capov. non possono riferirsi, se non a quelle, ch'ebbero il loro legale effetto, quello cioè della discussione della causa nella prestabilita udienza, nella quale siensi fatti valere dalle parti i rispettivi dritti, col presentare i loro mezzi d'imputazione e di difesa; mentre, le ordinanze di citazione rimaste senza effetto, sia per non essersi presentate le parti al fissato dibattimento, sia per essersi da taluna di esse chiesto il rinvìo, prima di entrare a discutere il merito della causa, si hanno per non avvenute; le parti rimangono nella stessa condizione giuridica in cui trovavansi prima delle emanate ordinanze, e la parte lesa conserva intatto il suo dritto di costituirsi parte civile, prima dell'emanazione della nuova ordinanza di citazione.

Quindi: la detta disposizione del cit. ult. capoverso dell'art. 110 non deve intendersi applicabile a tutte quante le cause avviate per citazione diretta: non è applicabile, se questa è fatta dal Pubb. minist., sia pure sull' istanza della parte lesa, la quale in tal caso può costituirsi parte civile in qualunque stadio del dibattimento: art. 331, 352, 371 e 372 cod. proc. pen.

E per veritá, se fu fatta una eccezione, questa ha ragione d'essere in quanto la citazione *diretta sia fatta per cura dello stesso danneggiato*; perchè questi si fa per tal modo attore, ed è ragionevole che diffidi l' imputato intorno l' estensione, che dará alla sua domanda, ma quando la citazione è fatta a richiesta del Pubb. minist., sia pure sull' istanza del danneggiato, chi promuove l'azione è unicamente il Pubb. minist., il quale assume su di sè il còmpito d'intraprendere e proseguire il giudizio; il danneggiato non è parte civile, e quindi resta la regola generale, che potrá intervenire come parte in qualunque stadio del dibattimento, prima però che questo sia chiuso, e costituirsi parte civile.

Furono di questa mia opinione: corte d' app. di Genova, 1. giugno e 16 novembre del 1860 e 3 luglio del 1877; id. di Parma, 24 maggio del 1872; id. di Messina, 1. maggio del 1879: corte di cassaz. di Torino, 24 luglio 1866, 7 aprile e 26 maggio 1869, 29 luglio 1873, 4 febb. 1875, 12 dicembre del 1878; 4 aprile 1883; 16 luglio 1884; 10 giugno 1885; 18 febbraio 1886: id. di Napoli, 19 dicembre del 1884; 29 aprile del 1887: id. di Roma, 30 marzo del 1883: id. di Palermo 19 maggio del 1884: id. di Firenze, 27 agosto del 1866, e 1 maggio del 1875.

Furono di contraria opinione: corte d' app. di Messina, 10 maggio del 1877; corte di cassazione di Napoli, 23 genn. del 1878.

E se la citazione a dibattimento viene ordinata d' ufficio dal pretore, come sempre si pratica?

La disposizione dell' art. 331 cod. proc. pen., nella sua 2. parte, non viene osservata, e vige l' uso che il pretore, ricevuta, o esso direttamente, od a mezzo degli uffiziali di polizia giudiziaria, la querela della parte lesa, anche per reati di azione privata, ordina d' ufficio la citazione a dibattimento. Non si può sostenere, che per questo sistema gli atti ed il dibattimento abbiano ad essere dichiarati nulli; tutt' altro — la sanzione dell' autoritá avvalora la citazione. E la corte di cassaz. di Torino, nel 19 giugno del 1867, stabilì in proposito la seguente massima: « La citazione dell' incolpato per reato di com-
« petenza del pretore, e di azione privata, come anche quella dei te-
« sti indicati dalla parte querelante, va fatta a cura diretta dell'of-
« feso a mezzo d' usciere, od a cura del Pubb. minist. su istanza del-
« la parte. Tali citazioni spiccate dal pretore sono ultronee, irrego-
« lari, *non però nulle.* »

Dunque, in questo caso, non può parlasi di citazione *diretta* della parte offesa; ma la citazione ordinata d'ufficio dal pretore è evidentemente *Mediata*; cioè, dietro la querela della parte offesa, *mediante, a mezzo della citazione ordinata d'ufficio dal pretore*, si viene al dibattimento. Dunque, la costituzione della parte civile, in tal caso, segue il *gius comune*, cioè può aver luogo in qualsiasi stadio del giudizio, ma prima di terminare il dibattimento.

§. 3. Il processo - verbale di contravvenzione vien compilato dall' ufficio daziario, e non ha bisogno d'essere ratificato con giuramen-

to, del quale nell' art. 147 cit. L. comunale, nè con giuramento in dibattimento — fa piena fede in giudizio fino a prova contraria: art. 58 reg. 25 agosto 1870; art. 88, 89 e 90, Istruz. 20 ottobre 1870; corte d' app. di Trani, 10 marzo del 1879; corte di cassaz. di Torino, 29 settembre del 1879; id. di Roma, 2 aprile del 1880.
Però la stessa corte di cassazione di Roma decise necessario il giuramento dei verbalizzanti agenti daziari, con responsi 26 novembre del 1877, 19 febbraro e 30 giugno del 1879.
Noto — essi agenti debbono prestare il giuramento dinanzi il pretore del proprio mandamento, nell' atto di assumere le loro funzioni: vegg. anche art. 7. L. 20 marzo 1865, n. 2248, alleg. B. Sulla Sicurezza pubblica.
§ 4. Il processo — verbale di contravvenzione è esente da bollo, come tutti gli atti penali — lo dichiarava il ministero delle finanze anche con il dispaccio 5 ottobre 1869, n. 102088, div. 3. alla procura generale del Re di Milano.
§ 5. La mancanza del processo — verbale non è di ostacolo all'appaltatore, che dimanda il pagamento del balzello.
Le formalitá, relative alla redazione del processo-verbale di contravvenzione, non sono prescritte dalle LL. e regolamenti daziarie a pena di nullità: il pretore può attingere la sua convinzione della reitá dell' imputato non pure dalle risultanze del processo — verbale, ma altresì dagli altri mezzi permessi dalla legge comune. Anzi, affinchè esista contravvenzione alle LL. daziarie, non è necessario, che la merce od il genere, formante oggetto della contravvenzione, sia sequestrato e periziato quando ciò possa essere altrimenti provato nei modi di legge: vegg. cit. mia *Logica del pretore*, I, 26.
Quindi, ammessa la nullità del processo — verbale di contravvenzione, non manca per questo la base del giudizio, dapoichè quell'atto, spoglio di ogni valore come processo — verbale, conserverebbe il carattere ed il valore di una denuncia efficace ad eccitare il giudizio per reato di azione pubblica.
§ 6. Rimando il benevole lettore alle monografie, intitolate — « *Armi* » —: « *Codice doganale* » — che pubblicai nella cit. mia *Logica del pretore*, I, pag. 21 e seg., pag. 28 e seg.

APPENDICE

DANARO e suo uso.

I.

§. 1. Due singolarità: umiltà di origine e perpetuità di nome.

DANARO:

« Allora uno dei 12, detto Giuda *Iscariot*, andò ai principali sa-
« cerdoti, = E disse loro: Che mi volete dare, ed io ve lo darò nel-
« le mani? Ed essi gli pesarono trenta *danari* d'argento »: *Evangelio* di san Matteo, XXVI, 14 e 15.

Ora *danaro* può significare ogni più ricco tesoro ed anche un centesimo.

MONETA:

Dal tempio eretto nel Campidoglio a Giunone — *moneta*, entro il quale era stabilita la zecca romana.

La dea aveva tal nome dal credere i romani, che li avesse *ammonito*, non si sa se in occasione di sofferto tremuoto, od in quella della guerra contro *Pirro*.

PECUNIA:

Da *pecus*, ricordante la pecora, fatta improntare da Servio *Tullio* sulle prime sue monete nel rame — *in aere* —: onde, il luogo, dove si riponeva il danaro pubblico, si chiamò *erario*; — come il giglio *fiorentino* diede nome ai *fiorini*, e lo scudo d'arme agli *scudi*.

Peculio — parola diminuitiva di *pecunia* — indica mediocrità, o parte di ricchezza; e più spesso indicava le ragioni speciali del patrimonio dei figli di famiglia e degli schiavi; onde poi s'introdusse l'abuso di appellare *peculiari* le cose tutte particolari.

Peculato dicesi anche il furto del pubblico danaro.

Alma *pecunia* del mondo signora,
Abbian tempi, Virtù, Concordia e Pace,
Tu non hai tempi, ma ciascun t'adora.

Tu non hai spada, ma dall' Indo al Trace
La terra sfidi congiurata insieme,
Tu non ái regno e fai quel che ti piace.
La tua gran possa in quali parti estreme
Del mondo è nuova, o chi con lei contrasta?
Solo il tempo indomato non ti teme

L. Borsini.

O cieca cupidigia, o ira folle,
Che sì ci sproni nella vita corta,
E nell' eterna poi sì mal c' immolle!

Dante, *Inf.*, XII.

Ê più dotto oggidì chi più possiede:
Scienza senza danar cosa è da sciocchi,
E sudor di virtù non da mercede;
Per aver fama basta aver baiocchi,
Chè l' immortalità si stima un sogno:
Son galli i ricchi, e i letterati allocchi.

Salv. Rosa.

L' *interesse* è la ruota principale della macchina di questo mondo.

Kotzebue, *L'insolente giudizioso*, a. III. sc. I.

L' *interesse*, che dirige gli uomini da un polo all' altro, è un linguaggio ch' essi apprendono senza grammatica.

Napoleone, I.

Il desiderio del guadagno è grande sul globo terraqueo, e *l'oro* è una grande tentazione per gl' infelici mortali, che hanno tanti onorati e disonorati desiderî sotto al pericardio.

Gozzi.

Arti, lettere, onor tutto è stoltezza
In questa etá dell' indorato sterco,
Che il subitaneo lucro unico apprezza.
Traccie d' amor, di gloria invan quì cerco,
Nè di pietà religiosa l' orme,
Chi sei? che fai? Son tutto: io cambio e merco.

Alfieri

Ricchezze, onor, piaceri,
Son beni menzogneri;
Tormentano bramati,
Deludono sperati,
Non saziano ottenuti,
Desolano perduti.

Bondi.

. . . . Chè ugual dell' oro
Peste non v' è: strugge cittá; dai lari
Snida le genti, a sozze opre le buone
Alme ammaestra, e le sospinge a tutte
Di nequizia le vie, tutt' empie fraudi
L' oro all' uomo insegnò.

Sofocle, *Antigone.*

. . . . non tengon fede
Le mal tolte dovizie, e duran poco.

Solone

Ben di ricchezza vago son; ma giusto
L' acquisto ne vogl' io: sempre chi in altra
Guisa le tien, ne paga al fin la pena.

Lo stesso.

O buon Fabrizio
Con povertà volesti anzi virtute,
Che gran ricchezza posseder con vizio.

DANTE, *Purg.*, XX.

Beati i *poveri* in ispirito, perciocchè il regno dei cieli è loro.

Evangelio di s. Matteo, V. 3.

L' uomo *povero* e contento è ricco, ricco
Fuor di misura: opulenza infinita
É *povero* qual verno a quei che sempre
Teme d' impoverir.

SHAKSPEARE, *Otello*, a. III, s. III.

Il vivere
Da mendico, è una vita senza minima
Cosa avere; ed il vivere da *povero*
É l' esser parco, al suo lavoro attendere,
Nulla aver, nè mancare il bisognevole.

ARISTOFANE

La *povertà* è una dotta filosofia, poichè quanto questa insegna con le parole, quella fa praticare con le opere.

SENOFONTE.

Nulla vale meglio della *povertà* ad aguzzar l' ingegno dell' uomo.
La *povertà* sovente purifica ed affina l' ingegno.

SMILES, *Risparmio*, c. XIV.

Che al vizio sol la *povertade* è grave.
Col *poco* l'uom dabben sue voglie sazia.

SALV. ROSA, *Sat.*

Quid non mortalia pectora cogis,
Auri sacra fames?

VIRGILIO, *Eneide*, III,

Maximae divitiae sunt non desiderare divitias.

SENECA, *De morib.*

Ancor io ricordo dei versi di C. M. intorno *La ninfa avara*; riferísco dei passaggi del relativo dialogo tra FILENO e FILAURA:

FILENO: Amor va nudo, e senza fregio e pompa,
Non ha, che dar' altrui, se non sè stesso
Mercenario e venal, non fora Amore.

FILAURA: Ma quell' Amor, ch' è nudo, ancora ha l' ali,
Onde sen fugge, e vola
Da chi prenderlo tenta.

. . . .

. . . .

FILENO: Il foco affina l'oro,
L' oro prova la donna,
La donna al fine è il paragon de l'uomo.

. . . .

Ma donna, che da l'or vincer si lasci,
Anzi il procura ingordamente, e 'l chiede,

Non ha tanta, ch' agguagli
La scelleragin sua vergogna e biasmo.
Qual cupidigia alligna
Nel petto uman più sozza
Di questa sacra, ed essecrabil fame,
Ch' altrui tragge a commettere, adorando,
Metallo indegno e vile,
Idolatría servile?

FILAURA: Oro, di stirpe illustre
Generosa progenie, e nobil figlio,
Concetto entro le vene
De l' Indico Oriente, e partorito
Nel bel letto del Gange,
Commun nel suo natale
Ha la culla e la patria in un col Sole.
L' istesso Sol nascendo
Se n' adorna le chiome, e del bel carro
N' arricchisce le rote.
Che non fa? che non pote
Questo invitto Guerriero;
Qual cor non vince, qual valor non doma?
Il ferro, il ferro, ch' ogni forza avanza,
Gli cede di possanza.
Quante cittá munite, e squadre armate,
Che furo inespugnabili a la spada,
Fur da l' oro espugnate?
Quante di castitate
Rocche ben custodite, e ben difese
Da l' or fur vinte, e prese?
Fu giá da un pomo d' oro
Benchè pudica, e santa,
Conquistata *Atalanta*. Un aureo pomo
Mosse a lite ed a guerra,
E fè di Cielo in terra
Scender dive immortali,
Tra le quai venne anch' ella
Con lo scudo e con l' hasta
La più saggia, più casta;
Io, che Diva non son, vo pur' almeno
Del costume divin seguire l' esempio,
Se sia malvagio ed empio
Non so, nè saper curo;
E s' altri mi riprende,
Dirò, che quando errori anco sien questi,
Con le Dive celesti errar mi giova.
Poma d' or non dimando.
Poma d' or non desìo. Venga pur l' oro
In qualunque lavoro,
Anel, vezzo o maniglia,
O cintura, o pendente,
Sia pur d' oro il presente,

In monete battuto, o in massa accolto,
Di ciò non mi cal molto.
FILENO: Fortuna de' suoi doni a me fu scarsa,
Il nascer mio guardò stella mendica,
Nè piacque al Ciel, ch' io fossi
D' armenti, e gregge, e di poderi, e case,
Possessor fortunato.
Fuorch' un sincero affetto,
Fuorch' una pura voglia,
A tanto bene offerto
Altra non saprei dar degna mercede,
Quanto *povero d' or*, ricco di fede.
FILAURA: Amor *d' oro* ha gli strali, e *d' oro* ha l' arco,
Senza *l' or* non fa mai colpo, che punga,
Le quadrella impiombate
S' avvien, ch' egli saetti,
Si spuntano ne' petti,
E le saette *aurate*
Raro impiagano ancor, se non l' arrota
Fortuna a la sua rota.
FILENO: . . . .
FILAURA: Un gran cumolo *d' oro*
Pastor facesti, onde portiamo insieme
Tu la bocca ripiena, *io la man vota.*

§. 2. TALENTO:

Presso i greci ed i romani il *talento* valeva migliaia di lire: è sparito da lunghissimo tempo dalle tariffe.

Ha ora sede piú nobile, poichè dalla rappresentazione di valore materiale, si è inalzato a denotare in alcune lingue le doti migliori dell'intelletto.

Onde il chiariss. CASTI:

Chi di spiriti e di talenti è pieno
Domina ognor su quei che n' hanno meno.

E SOFOCLE nell' *Antigone*:

Quanto aver senno è meglio
D' ogni tesoro assai.

E. L. BORSINI nel *Noviss. Galateo*:

Ed è l' ingegno simile ad una barca,
Che corre rischio egual pel naufragio,
E quando è vuota, e quando è troppo carca.

E non approvo — negli *Animali parlanti* di CASTI:

L' evidenza mostrò che ad uno stato
Nulla puote accader di piú sinistro,
Che filosofo avere o letterato
Degli affari alla testa e per ministro:
Tutto sossopra pon, tutto scombussola,
E del buon governar perde la bussola.

Piuttosto:

Molte sono le attinenze della *saggezza* e della *bontà*; e che l'una debba accompagnarsi all' altra si può inferire non solo da ciò che la *saggezza* produce negli uomini la *bontà*, ma sì anche dall' essere eglino fatti *sagaci* dalla *bontà* stessa.

TAYLOR.

Il sapere è ad un tempo la manna e la medicina del nostro essere morale. Mentre il delitto è il veleno, il sapere è l' antitodo.

SMILES, *Risparmio*, c. IV.

II.

Stipendio:

A stipe pendenda — fa sentire il pesamento e la parola latina *stips*, significante moneta d' infima qualità.

Oggi caratteristica dello stipendio è la stabilità, e questa risulta dall' iscrizione della somma in bilancio — si paga in ricompensa di opere liberali, a persone di qualitá.

Salario:

In tal parola sentesi subito il *sale* — non quale condimento, come nell' *insalata*; nè per dritto di transito come nella via *Salaria*, per cui portavasi quel prodotto ai Sabini; nè per agnome, come al censore M. Livio *Salinatore*, che istituì in Roma la nuova gabella del sale; ed a Filippo VI, di Francia, detto per egual motivo, il *Salinario*: ma più sostanzialmente vi entra, come in *salina*, madre del sale e dei *salarî* antichi, e nonna dei salarî moderni. A chi viaggiava per pubblico ufficio davasi una data provvigione di *sale*, come si davano altre cose in natura; e, col tempo, tali somministrazionî si compensarono — *simul pensare* — *simul pesare* — in danaro; ondechè, le paghe furono dette *salarî*, con termine generico, per essere stato il *salario* il primo a subire questa conversione.

Oggi il *salario* è anche assegnamento fisso — si paga a chi presta per suo giornaliero bisogno opere manuali ad altrui.

La differenza tra *salario* e *stipendio* è stata segnata dalla moderna civiltà, mentre un tempo non credevansi avviliti di riscuotere *salario* coloro, che dedicavansi alle arti liberati; e la distinzione stava in ciò che il *salario* era mercede annualmente fissata e lo *stipendio* no.

Oh come oggi lo *stipendio* del pretore sa dell' umiltà dell'origine della parola!!...

III.

§. 1. *Avaro*:

Avidus aeris — benchè l' avaro sia più cupido dell' oro e non del rame.

Però, il rame di Servio *Tullio* ha egual grado di parentela con le lire-sterline, gli zecchini, i napoleoni, le doppie, i marchi, le doble, i dobloni, etc., etc., come il rame degli eroi di OMERO col fucile *Wetterly* a ripetizione — sistema Vitale.

Ahi! la vedete:

Di porpora è vestita; oro, monili,
  Gemme tutte l' aggravano: le bianche
  Vesti, delizia del primier marito

Che or sta nel cielo, ella perdè nel fango.
Però di nomi è di blasfemi è piena,
E nella fronte sua scrisse: *mistero.*
Ahi! la sua voce a consolar gli afflitti
Non s' ode più: tutti minaccia, e crea
Con perenni anatemi all' alme incerte
Ineffabili pene. Gl' infelici,
Quì lo siam tutti, nel comun dolore
Correano ad abbracciarsi, e la crudele
Di Cristo in nome gli ha divisi: i padri
Inimica coi figli, e le consorti
Dai mariti disgiunge, e pon la guerra
Fra unanimi fratelli. È del Vangelo
Interprete crudel: l' odio s' impara
Nel libro dell' amor. Gli anni son volti
Che il rapito di Patmo Evangelista
Ne profetò: per ingannar le genti
Rotte ha Satanno le catene antiche,
E sïede la crudel sull' infinite
Acque del pianto che per lei si versa.
Il seduttor dell' uomo all' impudico
Labbro due nappi appresa: *in uno è sangue,*
Nell' altro l' Oro; e quell' avara e cruda
Beve in entrambi, sì che il mondo ignora
S' ella più d' oro o più di sangue ha sete.

Giov. Batt. Nicolini, *Arnaldo da Brescia*

Chè questa bestia, per la qual tu gride,
Non lascia altrui passar per la sua via,
Ma tanto lo impedisce, che l' uccide:
Ed ha natura si malvagia e ria,
Che mai non empie la bramosa voglia,
E dopo il pasto ha più fame che pria.

Dante, *Inf.*, I.

Come *avarizia* spense a ciascun bene
Lo nostro amore, ...

Lo stesso, *Purg.*, XIX.

Noi ripetiam Pigmalion allotta,
Cui traditore e ladro e patricida
Fece la voglia sua dell' oro ghiotta:
E la miseria dell' *avaro* Mida,
Che seguì alla sua dimanda ingorda,
Per la qual sempre convien che si rida.

Lo stesso, ivi, XX,

O esacrabile, *avarizia*, o ingorda
Fame d' avere, io non mi meraviglio
Ch' ad alma vile, e d' altre macchie lorda,
Sì facilmente dar possi di piglio;
Ma che meni legato in una corda,
E che tu impiaghi nel medesmo artiglio
Alcun che per altezza era d' ingegno,

Se te schivar potea, d' ogni onor degno.

ARIOSTO, *Orlando fur.*, 43.

Chi è ricco? quegli che nulla appetisce. Chi è povero? *l' avaro.*

AUSONIO.

Duae pestes, *avaritia* et luxuria, magna imperia evertere.

LIVIO, *Hist.*, lib. XXXIV, 3,

Intolerabilius nil est quam dives *avarus.*
Quam stultus locuples, quam fortunatus iniquus.

POLINGENIO, *Zodiacus vitae*, *Scorp.*, pag. 204.

Avari non domini, sed mancipia sunt.

VICO.

§. 2. PRODIGO.

Prodigere — menare, cacciar fuori e lontano — *procul agere* — il bestiame; donde, per traslato, figurossi lo sciupare le proprie sostanze.

DISPENDIO: *non pendere* — danno, discapito.

La vita dei *prodighi* si conduce come se dovessero morire di giorno in giorno: disse PLUTARCO nei *Frammenti.*

Volendo TIMOTEO pungere acremente *Aristofonte*, ch' era *prodigo*, disse: « A costui, al quale nulla é bastante, nulla è nemmeno turpe.»

ELIANO.

Parvae expensae, saepe factae, consumant substantiam.

ARISTOTILE, *Polit.*, lib. V.

Prodìgus et stultus donat quae spernit et odit:
Haec seges ingratus tulit et feret omnibus annis.
Vir bonus et sapiens dignis ait esse paratus,
Nec tamen ignorat quid distent aera lupinis.

ORAZIO, *Epist.*, VII.

Qindi i *debiti*!!!...

Di quale schifosa progenie il *debito* è padre! Quante menzogne, quante bassezze, quante ferite alla propria dignitá, quanti fastidî, quante doppiezze! Oh come in breve, solca di rughe la faccia piú schietta e leale: come incide, a mò di coltello, un cuore onesto!

DOUGLAS, *Jerrold.*

Un uomo *indebitato* non è più padrone di sè: è in balía del mercante da cui si provvide. È il bersaglio dei curiali, è lo scherno dei creditori, è lo scandalo dei vicini: è schiavo in casa sua: è uomo moralmente avvilito e degradato, e nella stessa sua casa, nella stessa sua famiglia, è guardato con occhio di compassione, confinante col disprezzo.

SMILES, *Risparmio*, c. XII.

Non conosco maggior la penitenza
Che di mangiare e vivere a credenza.

PANANTI.

E non v' ha soma a sopportar più grave,
Che il dover dare, quando che dar non s' have.

ARIOSTO.

§. 3. *Calcoli:*

Computi, necessarî tanto al buon uso del denaro — son essi pure di bassissima stirpe; perchè nati, come gli uomini di Deucalione, dalle *pietre* adoperate dagli antichi in luogo di cifre aritmetiche, per levare i loro conti.

Spendere:

Expendere — expensa: pesare il metallo, prima che fossero coniate le monete. Al peso succedette la numerazione dei segni di valore.

Dunqne, nello *spendere* vi è il *pesare*, cioè l' *economia*.

Compendio:

Parola diametralmente opposta al *dispendio*; quindi *compendio* è il lucro, che viene dallo spendere *parcamente*. La qual parola, con ragionata ed elegante trasposizione, fu usata a denotare il risparmio di danaro, di fatica e di tempo: cagione e fine dei moderni *compendî*.

Discreto:

Viene da *discernere*. Onde:

Lo più bel ramo, che della radice razionale consurge, si è la *discrezione*.

DANTE, *Convito*.

Temperanza: *sobrietà*: *frugalità*.

Sobrietà è modo di fuggire ogni eccesso nel mangiare e nel bere; *frugalità* è regola di vivere con poco; *temperanza* è virtú, che risulta da queste due — ed è tanto lontana dal troppo quanto dal poso. *Sobrietà* e *frugalità* mirano a conservare la vita; quella, evitando il troppo, questa, contentandosi del poco: *temperanza* è virtù, che innalza l'anima sopra l'abbondanza e sopra il difetto. La *frugalità* e la *sobrietà* sono talvolta prodotte da strettezze e da malattia; la *temperanza* viene sempre da ragione.

Frugalità viene da *fruges* — biade, messi.

Economia:

Gli sciocchi dànno i banchetti, gli astuti li godono.

PLUTARCO

Anassagora solea dire, che somma è la fatica nell' unire qualche ricchezza, maggiore però è nel conservarla.

ELIANO.

Di qnei mezzi di fortuna che hai, sii saviamente *economo*; fuggi equalmente l'avarizia, che incrudelisce il cuore e mutila l' intelletto, e la prodigalità, che guida a vergognosi imprestiti e a non lodevoli stenti.

PELLICO, *Doveri degli uomini*, c. XXV.

Tra l' avarizia e la prodigalità sta l' *economia*; ed è questa una virtù che l'uomo onesto deve praticare.

MANTEGAZZA, *Il bene ed il male*, 85.

Dalla *Economia* degl' individui vien costituita la ricehezza, o in altre parole, il benessere di ogni nazione. D' altra parte, lo scialacquare degl' individui produce lo impoverimento degli stati. Così ogni uomo *economo* si può considerare come un pubblico benefattore, ed ogni scialacquatore si può considerare come un pubblico nemico.

SMILES, *Risparmio*, c. 1.

Il *risparmio* promuove la temperanza; si fonda sulla prèvidenza; rende virtú predominante, caratteristica, la prudenza; insegna all' uomo a padroneggiare sè stesso; oltre a tutto ciò assicura il benessere materiale, bandisce i fastidî, e toglie di mezzo molte angosce e molte molestie, che altrimenti c' invaderebbero.

Lo stesso, ivi, c. 11.

. . . . il buon senso, il buon gusto ed una sana coltura della mente sono i migliori *economisti.*

Lo stesso, ivi.

Una delle maggiori prove di saviezza è il modo con cui il danaro si acquista, si risparmia, si spende; ed è men difficile guadagnarlo, che spenderlo bene.

C. CANTÙ, *Attenzione*, cap. 18.

Nella maggior parte delle opere umane, chi acquista è ben disposto a conservare; ma chi riceve ciò che è preparato, a dissipare.

POLIBIO, *Storie*, — Avanzi del lib. VI.

. . . . . si soffre
Per lo soverchio al par che per il nulla.
Mezzano stato è la miglior fortuna.
Al superfluo più presto il crin s'imbianca;
Mediocrità più lunghi giorni vive.

SHAKSPEARE.

Che il *poco* ancora al *moderato* avanza:
Ricco è solo e contento
Chi pari al patrimonio ha la speranza.

Salv. ROSA, *Sat.* IV.

Dentro giusti confin virtù si tiene,
Se oltrepassarli vuol, vizio diviene.

CASTI.

. . . . . nam id arbitror
Adprime in vita esse utile, ut *ne quid nimis.*

TERENZIO, *Andria*, a. I.

Est modus in rebus, sunt certi denique fines,
Quos ultra citraque nequit consistere rectum.

ORAZIO, *Sat.* I, lib. I.

Pubblica economia: termine usato,
Se il popolo vuolsi angariare, o forse
Con nuove imposte esaurir lo Stato,
E smugnere dei sudditi le borse;
Mentre chi por le mani può nella cassa
Delle rendite pubbliche s' ingrassa.

CASTI, *Anim. parl.*, c. 1.

Ed io:

Non si bestemmierebbe contro le tasse e le imposte, se si facesse diventar vita il motto:

VIRTÙ *ed* ECONOMIA !!...

Printed in Dunstable, United Kingdom

91219470R00020